LES PRÉVISIONS MÉTÉO

LE BROUILLARD

Un livre de la collection
Les racines de Crabtree

DOUGLAS BENDER

CRABTREE
Publishing Company
www.crabtreebooks.com

Soutien de l'école à la maison pour les parents, les gardiens et les enseignants

Ce livre aide les enfants à se développer grâce à la pratique de la lecture. Voici quelques exemples de questions pour aider le lecteur ou la lectrice à développer ses capacités de compréhension. Les suggestions de réponses sont indiquées en rouge.

Avant la lecture

- De quoi ce livre parle-t-il?
    - *Je pense que ce livre parle du brouillard.*
    - *Je pense que ce livre explique d'où vient le brouillard.*
- Qu'est-ce que je veux apprendre sur ce sujet?
    - *Je veux apprendre où se forme le brouillard.*
    - *Je veux apprendre de quoi est fait le brouillard.*

Pendant la lecture

- Je me demande pourquoi...
    - *Je me demande pourquoi le brouillard se forme à des endroits particuliers.*
    - *Je me demande pourquoi le brouillard reste au sol.*
- Qu'est-ce que j'ai appris jusqu'à présent?
    - *J'ai appris que le brouillard est formé de gouttelettes d'eau.*
    - *J'ai appris que le brouillard se forme autour des montagnes.*

Après la lecture

- Nomme quelques détails que tu as retenus.
    - *J'ai appris que le soleil fait disparaître le brouillard.*
    - *J'ai appris que le brouillard peut se former à différents endroits.*
- Lis le livre à nouveau et cherche les mots de vocabulaire.
    - *Je vois le mot* ***nuage*** *à la page 4 et le mot* ***montagnes*** *à la page 6. Les autres mots de vocabulaire se trouvent à la page 14.*

Voici à quoi ressemble le **brouillard**.

Le brouillard est
un **nuage** au sol.

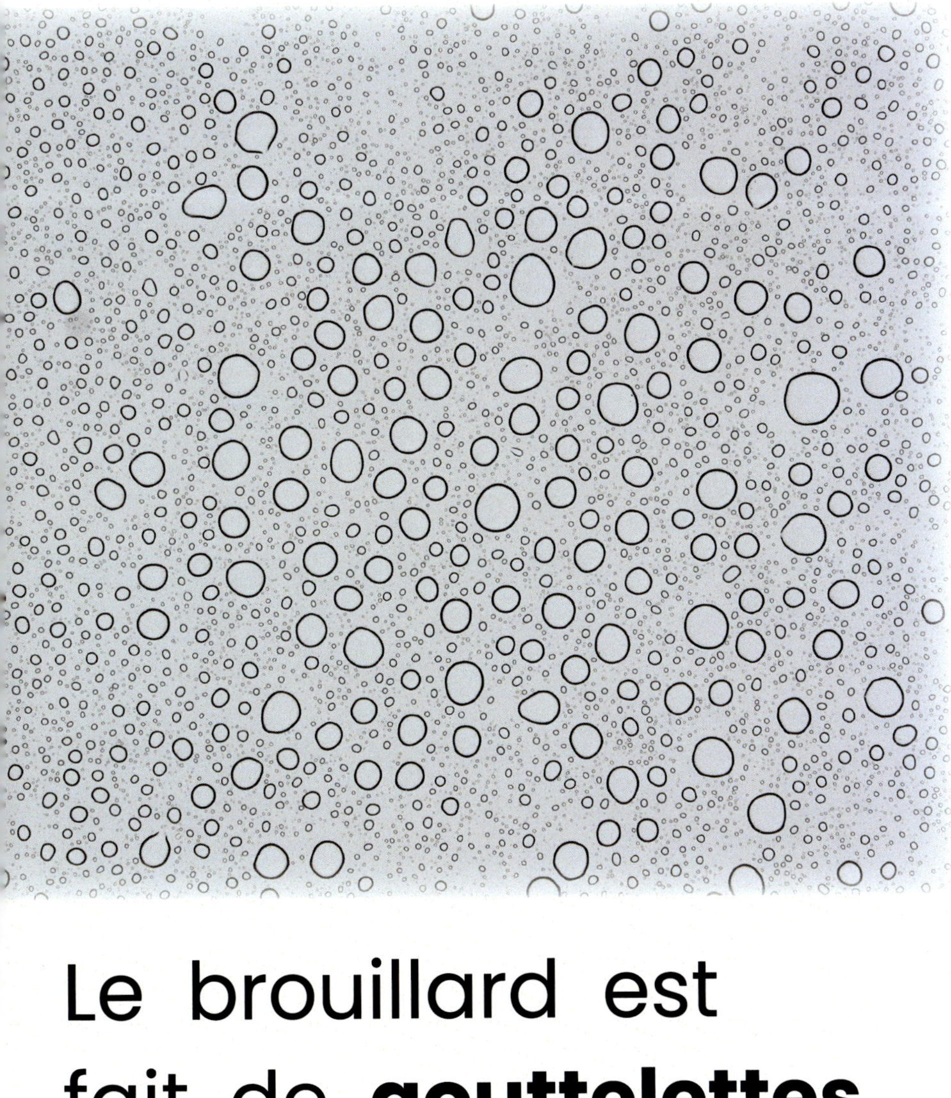

Le brouillard est
fait de **gouttelettes**
d'eau dans l'air.

Le brouillard peut se former autour des **montagnes**.

Le brouillard peut se former à la surface de l'eau.

Le brouillard peut se former dans les **vallées**.

Quand le **soleil** se lève, le brouillard se dissipe.

Liste de mots

Mots courants

à
autour
dans
de
dissipe
eau
est
fait
le
peut
quand
ressemble
se
surface
un
voici

La boîte à mots

brouillard

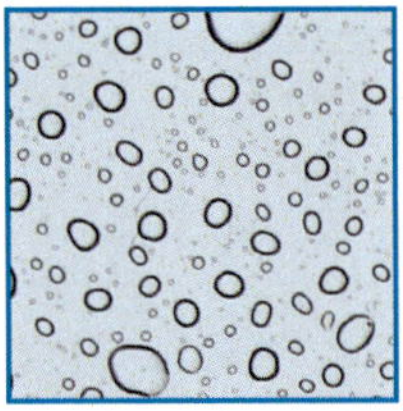

gouttelettes

montagne

nuage

soleil

vallées

57 mots

Voici à quoi ressemble le **brouillard**.

Le brouillard est un **nuage** au sol.

Le brouillard est fait de **gouttelettes** d'eau dans l'air.

Le brouillard peut se former autour des **montagnes**.

Le brouillard peut se former à la surface de l'eau.

Le brouillard peut se former dans les **vallées**.

Quand le **soleil** se lève, le brouillard se dissipe.

CRABTREE
Publishing Company

Auteur : Douglas Bender
Conception : Rhea Wallace
Développement de la série :
James Earley
Correctrice : Janine Deschenes
Conseils pédagogiques :
Marie Lemke M.Ed.
Traduction : Annie Evearts
Coordinatrice à l'impression :
Katherine Berti
Références photographiques :
Shutterstock : Budimir Jevtic : couverture; Mikhail Piskunov : p. 1; Woody Alec : p. 3, 14; Alexander Steam : p. 4, 12, 14; Lillac : p. 6-7, 14; Ann Tikhonova : p. 9; Rusian Suseynov : p. 11, 14

LES PRÉVISIONS MÉTÉO

LE BROUILLARD

Crabtree Publishing Company
www.crabtreebooks.com 1-800-387-7650

Publié aux États-Unis
Crabtree Publishing
347 Fifth Avenue
Suite 1402-145
New York, NY, 10016

Publié au Canada
Crabtree Publishing
616 Welland Ave.
St. Catharines, Ontario
L2M 5V6

Imprimé au Canada/062021/CPC

Catalogage avant publication de Bibliothèque et Archives Canada
Titre: Le brouillard / Douglas Bender ; texte français d'Annie Evearts.
Autres titres: Fog. Français.
Noms: Bender, Douglas, auteur.
Description: Mention de collection: Les prévisions mété
| Les racines de Crabtree | Traduction de : Fog. | Comprend un index.
Identifiants: Canadiana (livre imprimé) 20210269421 | Canadiana (livre numérique) 2021026943X | ISBN 9781039606722 (couverture souple) | ISBN 9781039606784 (HTML) | ISBN 9781039606845 (EPUB) | ISBN 9781039606906 (livre numérique avec narratio
Vedettes-matière: RVM: Brouillard—Ouvrages pour la jeunesse. | RVMGF: Documents pour la jeunesse.
Classification: LCC QC929.F7 B4614 2022 | CDD j551.57/5—c